ढाई

अपने समय के प्रतिरोध, प्रेम,
स्वप्न और स्मृति-लोक की कविताएँ

ढाई

अपने समय के प्रतिरोध, प्रेम,
स्वप्न और स्मृति-लोक की कविताएँ

सुधीर रंजन सिंह

वाणी प्रकाशन

प्रकाशन के उत्कृष्टतम 61 वर्ष

vaniprakashan.com

सजिल्द प्रथम संस्करण : 2024

वाणी प्रकाशन

4695, 21-ए, दरियागंज, नयी दिल्ली-110 002

फ़ोन : +91 11 23273167, 23275710

शाखाएँ

अशोक राजपथ, पटना-800 004, बिहार

कॉफ़ी हाउस कैम्पस, महात्मा गांधी मार्ग, प्रयागराज-211 001, उत्तर प्रदेश

महात्मा गांधी अन्तरराष्ट्रीय हिन्दी विश्वविद्यालय, वर्धा-442 001, महाराष्ट्र

36/ए, शेक्सपियर सरणी, रानी बिरला गर्ल्स कॉलेज के पास, कोलकाता-700 017, प. बंगाल

sales@vaniprakashan.in
vaniprakashan@gmail.com

Dhai

by Sudhir Ranjan Singh

ISBN : 978-93-5775-771-3
Poetry Collection

मूल्य : ₹ 295

आर. टेक ऑफ़सेट प्रिंटर्स, दिल्ली-110 032 में मुद्रित

वाणी प्रकाशन का लोगो मक़बूल फ़िदा हुसेन की कूची से

अरुण कमल के लिए

अनुक्रम

प्रार्थना

कभी ख़ाली न रहूँ
भरूँ न कभी
ख़ालीपन से
कभी जल जाऊँ
नश्वरता की आग में
मगर कम न पड़ूँ
अपनी छोड़ी जगह पर।

लिखो

लिखो
क्या होगा लिखे का सोचे बग़ैर
कभी तेज़ तो कभी
धीरे-धीरे...

लिखने का कोई नियम नहीं
नींद आ रही हो तो जागने के लिए लिखो
नहीं आ रही हो नींद तो सोने के लिए लिखो
लिखना तुम्हारे लिए ज़ागना और नींद है
कि ज़िद है लिखना

मत पढ़े कोई
अपने पढ़ने के लिए लिखो
मान कर चलो तुम्हारे साथ
पूरी दुनिया पढ़ रही है

अपने बारे में लिखो
अपने बारे में कुछ मत लिखो
बस लिखने की अपनी आदत को याद रखने के लिए
लिखो

लिखना तुम्हारी अमरता है
लिखना तुम्हारी मृत्यु है
मानो कि नहीं आता लिखना बिल्कुल
और लिखते रहो

विषय की मत सोचो
कुछ नहीं तो सिर्फ़ हरा-भरा जंगल
लिख दो

हवा लिखो
पानी लिखो
भूख और प्यास लिखो

ज़माने की सबसे बड़ी लड़ाई के बारे में लिखते हुए
मौन की ओट में छिपा सत्य लिखो

पृथ्वी घूम रही है
इसे लिखो–
जैसे दिक् और काल तुम तक आकर समाप्त हो गये हों

लिखना एक कलात्मक विज्ञान है
लिखना एक वैज्ञानिक कला है
और सबसे बड़ी बात है कि लिखना
एक ठोस राजनीति है।

देह

मेरे भीतर बचपन बड़ा हुआ है
पीठ पर पिता की और हथेली पर गुरुजी की मार पड़ी है
लाड़ प्यार में दुम हिलाए हैं
चटोर होने के बावजूद ज़िद में भूखी सोयी हूँ
साइकिल चलाकर दस-दस मील प्रेमिका के दीदार किये हैं
आन्दोलनों में हाथ उठाकर नारे लगाये हैं
जेल-वेल की हवा खा आयी हूँ
नींद में भी लड़ाइयाँ लड़ी हैं
आईना देखना मुझे पसन्द रहा है
सपनों में अपना प्रतिरूप खोजती रही हूँ
जागने से कुनमुनाती हूँ अक्सर

जाड़े में ठिठुरती रही हूँ
गरमी में रही बेहाल
बारिश में भीगने के मज़े उठाये हैं

होता रहता है कोई न कोई मेरे साथ धोखा
करती हूँ फिर भी किसी नयी इच्छा का सृजन
मैं नष्ट हो जाऊँगी
उस दिन के लिए सहेज रखा है
विस्मृति का कोना।

धूपगढ़* में डूबता सूरज

डूबे हुए थे सैलानी
धूपगढ़ की
धूप में

ख़त्म हो रहा था
महीना अप्रैल का
समय शाम के छह बजे को
पार कर गया था

पहाड़ की यह छत
धूपगढ़–
जहाँ खड़े होकर लोग
डूबते सूरज को देख रहे थे

पश्चिमी पर्वत
खींच रहा था
सूरज को

जैसे खींचता अजगर है
मेमने को

---

* धूपगढ़ : पचमढ़ी (म.प्र.) में सूर्योदय और सूर्यास्त का प्वाइंट।

आकाश
सिने पटल सा–
बादल लालिमा से मढ़ गये थे
रूपक उनमें कई
गढ़ गये थे

घाटी
गहरी से गहरी
हो रही थी

सूरज
गिरने वाला था
धम से...

थाम कर उसे
हथेली पर
प्रेमी जोड़े और बच्चे
सेल्फ़ी खेल रहे थे

कुछ किरणें
पेड़ की फुनगियों पर जो
अटकी थीं
अभी-अभी
राख हो गयीं

छाया-सा कुछ
मस्तिष्क में सरक गया

लौटा मैं
जैसे भूल आया वहीं
अपने आप को।

पानी

लोग भटक रहे थे
जिधर ढलान थी उस ओर
कुछ तो ऐसे थे लुटी-पिटी मुद्रा में
जैसे जान-प्राण उनके कहीं और भाग गये हों

पूछने पर जवाब था–
पानी

पानी एक ऐसा शब्द था
जिसके उच्चारण से गिर जाना चाहिए था
गरमी का पारा
लेकिन अभी यह बहुत अधूरा-अधूरा लग रहा था
इसलिए पूछना ज़रूरी था–
पानी और...

जवाब वही था–
पानी
हिन्दुस्तानी में कह रहा हूँ
पानी

पानी और हिन्दुस्तानी का तुक*
हिन्दी कविता में पहले भी मिलाया जा चुका है
इसलिए उसे सावधानी से दोहराने की ज़रूरत है
एक शब्द है ख़ून जिसमें पानी भी होता है
दिक़्क़त है कि पानी और ख़ून के बीच कोई तुक नहीं है
लेकिन हिन्दुस्तानी की आँखों में
घट रहा था जैसे-जैसे पानी–
नथुनों में समा रही थी गन्ध
ख़ून की

तुक नहीं मिला सका
लेकिन देखिए बढ़ गया न वज़न!

* रघुवीर सहाय की कविता 'पानी-पानी'

मानसून आने वाला है

मानसून आने वाला है
दक्षिण में आ चुका है
पश्चिम को घूम चुका है
अपने यहाँ दस्तक देने वाला है

कितनी गरमी और कितनी है उमस
दिन तो ऐसे तमतमाता है
कि चाँटा मारा हो किसी ने
कितनी बेचैन है रात
समय कुत्ते जैसा हाँफ रहा है

बड़े तालाब में उतना भी नहीं बचा है पानी
शरम हया के लिए जितने की होती है ज़रूरत
शहर के गोलम्बर को आ रहा है चक्कर
किसी सँकरी गली में
सड़क जैसे घूमने को है बेताब

सन्नाटा टूटने वाला है
आकाश में नगाड़ा बजने वाला है

स्वागत में मानसून के
झण्डे की तरह दिखाई दे रहे हैं पेड़
एक दूसरे को देखकर
लोग थोड़ा-थोड़ा मुस्कुरा रहे हैं।

यह मेरे रोने का समय था

भीड़ थी
लोग थे थके बीमार
मालूम हुआ कोई नामी डॉक्टर यहाँ बैठता है

मुझे तलाश थी
ऐसे डॉक्टर की
पक्का बता दे उस रोग के बारे में
जो मुझे ज़िन्दा रखे है

बहुत-सी जाँच और दवाइयों के बारे में सोचकर मैं
डरा, और आगे निकल गया
भीड़ जहाँ और बड़ी थी, खचाखच
मालूम हुआ यहाँ दरबार था ऊपर वाले का
जिधर देखो उधर कुछ लालची तो कुछ निराश लोग
और देश-दुनिया के बड़े-बड़े भिखारी थे

भटकते हुए यहाँ से वहाँ
मैं कितना निराश
इस अन्नदात्री पृथ्वी के समक्ष
कितना बड़ा मैं भिखारी!

थोड़ा और आगे बढ़ा जहाँ होड़ लगी थी
पता चला, पूछे बिना किसी से
नेता कोई बड़ा आया हुआ है
रोड शो है उसका

मन हुआ उधर लपकने का
मुझे इसकी बहुत ज़रूरत थी
मिलूँ किसी बड़े नेता से राष्ट्रहित में
लेकिन जब मैंने घड़ी देखी तो मालूम हुआ
यह मेरे रोने का समय था।

यथार्थ

एक बड़ी-सी आकृति जो आदमियों के देखने से हरी थी
किसी ने उसे पेड़ कह दिया था
तब से वह अर्थ है
पेड़ शब्द का

पेड़ शब्द के अर्थ में
पेड़ की ख़ामोश ताक़त का
बहुत कम पता चलता है
जड़ें उसकी गहराई तक जाती हैं
यह ख़ास मतलब का विषय नहीं था
फूल फल पत्तियाँ लकड़ी छाल और जड़ों के अर्थ को
ज़रूरत के हिसाब से निर्धारित किया गया

पेड़ शब्द के अर्थ में उसकी छाया को
शामिल कर लिया गया
लेकिन पतझड़ की उदासी में
कोई कम ही शामिल हुआ

अभी-अभी उगी नन्ही पत्ती पर
हवा किस तरह सरसराती है

और कैसे इतने बड़े जहान में एक पेड़
अपने ऊपर थाम लेता है
पूरी रात को
इसे सिर्फ़ नींद में समझा गया

पेड़ की तरह
एक और घनी आकृति है
आदमियों को जो सबसे अधिक रिझाती है
किसी ने उसे स्त्री कह दिया था
और रोप दिया था उसमें
प्रेम शब्द का अर्थ

स्त्री शब्द के अर्थ में
स्त्री की अपनी मौलिकता शामिल नहीं
पुरुष-मिज़ाज का उस पर आरोप है
रूप में समाई हुई कितनी है गहराई
नहीं ले पाया कोई आज तक थाह
सिर्फ़ अर्थ किया गया उसके अंगों का
फूल फल पत्तियाँ लकड़ी छाल और जड़ों की तरह

कितनी चीज़ें गिनाऊँ
जिन्हें दिया गया ऐतिहासिक शब्द
और उनका अर्थ करने में
भौतिक भूलें की गयीं
कवि कम नहीं इसके लिए
ज़िम्मेदार।

मैं भूल रहा था

मैं भूल रहा था

चेहरा थोड़ा याद था
दिमाग़ पर ज़ोर दिया लेकिन नाम ठीक से याद नहीं आ रहा था

कुछ चेहरों के नाम होते ही नहीं
सब चेहरों में वे ऐसे छुप जाते हैं
जैसे बढ़ी हुई उम्र में झुर्रियों के बीच
छुप जाता है ख़ुद का चेहरा

मैं भूल रहा था

आभास था चीज़ों का धुँधला-सा
चीज़ें थीं कि दूसरी चीज़ों में बदलती जा रही थीं

जो चीज़ें हैं बहुत पहचानी
याद रखने लायक
आँखों के सामने से गुज़र कर
अँधेरे में खो जाती हैं

मैं भूल रहा था

नाम याद आया जब जैसे-तैसे
चेहरे से उसका रिश्ता सही नहीं बैठने लगा

एक पल के लिए पानी के बारे में बात करें
नहीं होता उसका अपना आकार
उसकी ख़ासियत चीज़ों को गीला करने में है
और जिसका सही रिश्ता बैठता है प्यास से

मैं भूल रहा था

फिर भी भूलना नामुमकिन था
पानी और प्यास के रिश्ते को

लेते हुए अँगड़ाई नींद से अभी उठूँगा
जैसे पानी में लगा के डुबकी निकला हूँ
ज़रा भी नहीं करूँगा देर
पहचानने में आपको

सुप्रभात।

पढ़िए

पढ़िए
कोई मिथ्या विचार
कोई सच्चा भाव
उलझी हुई कोई कला

जूझिए झूठ से
भिड़िए सच से
खो जाइए सुन्दरता में

चाँद की मुस्कुराहट की तरह कोई किताब
और तारों जैसी लिपि पढ़िए

भाषा पढ़िए
देखिए उसके तल में
जैसे साफ़ पानी में देखा जाता है

पढ़िए और डूब जाइए आनन्द के सागर में
कूद पड़िए पढ़ते हुए दुख की आग में

पढ़ने को लिखने जैसा समझ कर पढ़िए
पढ़ने को खेलने जैसा समझ कर पढ़िए

नहीं समझ में आता है तो भी पढ़िए

पढ़िए तो
सब समझा समझाया लगेगा
मत देखिए मिला किसे
कौन-सा और कितना बड़ा पुरस्कार
देखिए किसमें जीवन की कितनी जयकार
और कितना है मृत्यु का हाहाकार!

गरम दुपहरिया में कविता

एक पैर
दूसरे पर चढ़कर
आराम कर रहा था
हाथ को
हाथ पर पसरने का
मौक़ा था

खुली हुई आँखें
बन्द होने के बराबर थीं
थोड़ी देर के लिए
टिकीं ज़रूर
एक अशोक के पेड़ पर
लेकिन वहाँ से
कोई निमन्त्रण नहीं था

सूरज घुस जाता
अगर देह के भीतर
हो जाता शायद वह भी ज़रा सुस्त
केवल कानों में बजता–
गड़गड़ गड़गड़

ध्वनि है सघन–
गड़गड़
इसलिए लिखी जा सकती थी इसके सहारे
डूब कर मेघों की कल्पना में
गरजते बरसते
अनुभवों की कविता।

जेठ

ताप धूप का
पिघल कर हवा में
घुल गया

पेड़ के मर्म को
हवा ने
छू लिया

गिरा एक पत्ता
और पेड़ की छाया को
चूम लिया।

आषाढ़

कदम्ब के पत्तों पर
पानी की टप-टप ध्वनि
मेरे भीतर तक बज रही है

घटाटोप अकेलापन...
याद आ रहे हैं
बिखरे प्रियजन

मामूली सा घर
उदास दीवारें
मेज़ पर अधूरी
चाय की प्याली

कब नदी में बाढ़ आयेगी
खोखली जगहों में भरेगा कब पानी
सोचते हुए कुछ भी
रोज़ी-रोटी की परेशानी और झगड़ों से
इस पल मुक्त हो रहा मैं

पृथ्वी का दायरा
फैल रहा है...

यह अँकुरने का समय है।

छाता

मेरे हाथ में बन्द छाता था

आकाश ढका हुआ था
बादल से
मैंने उनकी ओर देखा
जिनके पास नहीं था छाता
और ज़रा चिन्तित थे

सोचा
क्या सोचा
ठीक-ठीक तो नहीं बतला सकता
सिर्फ़ यही कह सकता हूँ
कुछ चीज़ें बची हुई हैं
जिनके न होने से
ज़रा चिन्तित हुआ जा सके

याद किया
क्या-क्या याद किया
यह तो याद नहीं
लेकिन छाता को कहीं छोड़ देने की
अपनी आदत को ज़रूर याद किया

कोई कुछ कह रहा था मुझसे
कौन, नहीं जानता
लेकिन उसके बोलने में
मेंढक के टर्राने की आवाज़ थी

मेंढक के टर्राने से
किस देश की भाषा मिलती-जुलती है
मुझे नहीं पता
लेकिन यह ज़रूर सुनाई पड़ा–
हो सकता है
तुम्हें जल्दी खोलना पड़े छाता

अगर खुल जाता मेरा छाता
मेंढक की तरफ़ से सही
मैं कह सकता हूँ
मेरी बराबरी करने वाला
नहीं था आसपास कोई।

रात

रात एक काली चादर है
जादूगर की

पृथ्वी की तेज़ साँसें
सुन सकता हूँ

कबूतर सी फड़फड़ाती हवा
लिपटती है मुझसे

मेरी देह–
नीम की डाल
और पत्तियाँ

टिमटिमाते तारे–
बूँद-बूँद
मेरा ख़ून

कूद पड़ता है चाँद
पानी में

पृथ्वी करवट बदल रही है
और मैं भटक रहा हूँ
नींद में

अँगड़ाई लेकर उठूँ
उससे पहले
खोद चुका होता हूँ थोड़ा-सा
ब्रह्माण्ड।

ढाई

मेरी ज़ुबान पर होकर सवार
न जाने कितने लोगों ने बोले होंगे
जबकि रहे हमेशा मेरे अपने शब्द
दो तीन

दो तीन भी भारी इतने
कि मेरी अकेली पीठ के लिए
मुश्किल था ढोना

अक्सर उनमें से एकाध
देने पड़े दूसरों को

बहुत थे मेरे लिए
ढाई।

चाहतें

नाई की दुकान जाऊँगा
छँटते बालों के बीच
चीरते हुए ख़ुद को
उभरेगा मेरा चेहरा

जाऊँगा दर्ज़ी के पास
अपनी नाप दूँगा
कपड़ों पर चलाकर कैंची
गढ़े जायेंगे नये फ़ैशन में
देह के अंग

कपड़े दूँगा धोबी को
इस्तिरी फेरवाऊँगा
निकल जायेगी इस अहसास से
देह की सारी ऐंठन

भीड़ में घुस जाऊँगा
धक्के खाते हुए
ख़ुद को अनजाना लगूँगा
बिल्कुल

अपनी छाया पर पसरकर
नींद में जाऊँगा
सपने देखूँगा
दुबारा जन्म लेने के
भर लूँगा एक साँस में सारी धरती
अपने अन्दर

शुभरात्रि!

सूर्य

नमस्कार!
सूर्य तुमसे कह रहा हूँ
शरद पूर्णिमा की इस सुबह

मानसून के बादलों को
तुमने विदा कर दिया है
सभी चीज़ों की नाक के आगे
अब तुम हो

सभी चीज़ें
हँसते हुए उतार रही हैं
तुम्हारी नक़ल

चिड़ियों के कण्ठ को
तुम छू रहे हो
सीधे-सीधे

ओस की बूँदों में
चौंध है तुम्हारी

नमस्कार
तुम्हें उस रोटी की तरफ़ से
फफूँद लगने से जो बच गयी है
उस प्याज़ की तरफ़ से नमस्कार
जिसकी क़ीमत में आ गया है हल्का सा उछाल
और उस नमक की तरफ़ से भी
कुछ पहले तक जिसे मैंने रोते देखा था

नमस्कार
अब हुआ करेगी सुबह-सुबह
गरमजोशी से तुमसे मुलाक़ात
और शाम को होगी
कहने की इच्छा
थोड़ी देर रुक जाते और

लॉन में पड़ी कुर्सी की पीठ पर
देखो हो रही है कैसी
गुदगुदी!

कार्तिक

टपक रहे हैं कदम्ब के पेड़ से
नारंगी रंग के फल

धूप का भार कम रहा है
मेरे कन्धों पर

घुलने लगा है हवा में
ठण्डा लोहा

नीला रंग गहरा रहा है
आसमान का

मैं एक ब्लेज़र सिलवाना चाहता हूँ
उसे कटवाकर

ऊपर की जेब पर मुस्कुरा रहा होगा
सूरज।

पेड़

ये आदमी की तरह नहीं हैं
दिखाई देकर
ग़ायब हो जायें

भीड़ में छुपने वाली चीज़
ये नहीं हैं
धक्का देकर आगे निकलने की
नहीं पड़ती इन्हें ज़रूरत

ये बड़े हैं
लेकिन अपनी छाया से
बड़े नहीं हैं

ये आवाज़ नहीं करते
लेकिन इनके भीतर
बहुत-सी आवाज़ें चलती हैं

पत्तियों के बीच
गुदगुदी मची रहती है
फूल उन्हें खटखटाते रहते हैं

फूल को फल
फल को बीज...

इस तरह ये
पूरी दुनिया में फैलने के लिए
उतावले रहते हैं

हवा की मर्मर ध्वनि में
ये सबसे अधिक
बोलते हैं

सारे बढ़िया स्वाद
इनके दिये हुए हैं

जब बारिश हो रही हो
झमझम
खड़ा होकर देखो इनके नीचे
नींद का मिलेगा
स्वाद

और अगर अपनी आँखों पर
विश्वास बढ़ाने की ज़रूरत हो
इन्हें देखो

अपने आप को भी मिलेगा
देखने का मौक़ा

जब देखता हूँ

अपने को इनके पास
पाता हूँ नहीं है सब
ठीक-ठाक

काग़ज़ पर लिखते हुए कविता
काट रहा होता हूँ इन्हें
आरी से

इनकी सिसकियों से
शब्द में भरती है
करुणा।

जाड़े की सुबह एक बूढ़ा आदमी धूप में

जाड़े की सुबह एक बूढ़ा आदमी धूप में
अख़बार पढ़ रहा था

इतना ही वह झुका था अख़बार पर
धूप टिक सके जितनी उसकी पीठ पर
मछली पकड़ रहा होता अगर वह इस वक़्त
इतना ही झुका होता
खोदते हुए घास भी
इतना ही

जाड़े की सुबह एक बूढ़ा आदमी धूप में
विचर भी रहा था
हर उस जगह को छूते हुए
अपने निशान छोड़ आया था जहाँ
रातें मुलायम थीं जहाँ
पके हुए आम के दरख़्त थे जहाँ
हँसी की खनक थी जहाँ...

वह काम पर जा रहा था
वह पैसे गिन रहा था

वह प्रवेश कर रहा था
स्त्री के कक्ष में

जाड़े की सुबह, धूप
बूढ़े आदमी से बैठा कर पटरी
हो रही थी आबाद।

जाड़े की रात

जाड़े की रात
गली से आ रही
धुँईं, आक की टहनियों से
उलझ रही है

बजती कान में है
पुरानी रेल इंजन की
सीटी

ख़ामोश सुनते हुए
सो जाओ
अँधेरे के कम्बल में।

जाड़े की धूप में बैठी स्त्री

सुबह से चल रही थी ठण्डी हवा
जिसे सीने में महसूस करते हुए
वह बैठी हुई थी कुर्सी पर
धूप की चमक कुछ तेज़ थी
उसके बालों पर
चेहरे और कलाई पर गंगा की महीन रेत के
छींटे की तरह धूप दिखाई पड़ रही थी
कोई पुस्तक उसके हाथ में खुली थी
जिसके अक्षर धीरे-धीरे गरम हो रहे थे

जाड़े की धूप के इतिहास में
दर्ज करने लायक
यह एक दृश्य था।

हेसागोरा

कोयला खदान का छोटा-सा इलाक़ा था
उसके चारों ओर जंगल था
पेड़ थे, महुआ और पलास के
पहाड़ियाँ थीं मैदान और टीले थे
दो छोटी नदियाँ बहती थीं
आ मिलती थीं वे हाइवे पुल के पास
देखते बनता था बरसात में
दूधिया संगम ...

वहाँ मेरी रोमानी आँखें खुली थीं
अन्याय और विषमता से मन में पीड़ा उठी थी
दोस्ती-यारी के लिए दिल में जगह बनी थी
कविता का रोग लगा था

जब भी बनाता हूँ वहाँ के मैदानों टीलों
गलियों और छोटे-छोटे घरों के चित्र
उसमें किसी भी जगह थोड़ी देर बैठने की इच्छा होती है
चाँद देखने की मुद्रा में।

हवा

मैं तुम्हें छूती हूँ
तुममें भर जाती हूँ
तड़फड़ाती हुई
पेड़ों से टकराती
किसी और में
समा जाती हूँ

मैं ज़रा चंचल हूँ
मैं ज़रा गम्भीर हूँ
मैं भरी हुई हूँ
मैं तुम्हारा वर्तमान हूँ

झिंझोर कर
उठा सकती हूँ
ख़ाली होकर
मार सकती हूँ

अन्धी हो सकती हूँ
क्रोध से
भर सकती हूँ
पीड़ा और प्रेम से

खोजो
कविता के लिए शब्द
प्राण भरने का काम
मेरा है।

थोड़ा अलग

समय में चलते हुए
उससे अलग हो जाता हूँ
थोड़ा

थोड़ा अलग...

सँभाले है समय को
अलग जो है थोड़ा

कायनात को
थोड़ा अलग होना
सँभाले है

हवा से पानी
थोड़ा अलग
पानी से पृथ्वी
थोड़ा अलग
आकाश से बादल
थोड़ा अलग

थोड़ा अलग होने से
बढ़ती है अनन्त को थाम लेने की
चाह

मेरी एक चाह है प्रबल
आकाश को तह करके रूमाल बना दूँ
पोंछूँ उससे
किसी बच्चे की बहती नाक

दुर्भाग्य से
मनुष्य हूँ

चाहता हूँ
अपने इस परिचय को
ईश्वर को वापस कर दूँ

कहना चाहता हूँ
वही सब
जो ब्रह्माण्ड बराबर है
और एक मेंढक के
जल में छपाक से कूदने के बराबर

तितली के पंख जैसी फैली यह दुनिया
अपनी धुरी पर इसे घूमते रहना है
और उड़ना है ऊँचा

अरे वह फूल कहाँ है
जो सब भाषाओं से मुक्त
एक हँसी में फैल जाता है

किस ईश्वर ने उसे बनाया
किस गायक ने गीत उसका गाया...

मेरी सबसे ज़रूरी चाह है
ईश्वर को नहीं जाने दूँ
अन्न के दाने से कहीं बाहर

थोड़ा अलग...
समय से थोड़ा अलग होना है

रहूँगा
आपके ही शहर की
अपनी गली में।

इन दिनों

कोरोना समय में कविताएँ

एक

दाहिना हाथ
बायें को छूने से डरता है

कोशिश तो है
छोड़ी गयी साँस अपनी
अपने होंठों पर भी न फैले

बचा है सिर्फ़ याद करने को
सुनते थे कैसे प्रिय-उर में
साँसों का आना-जाना

बियाबान सब इतना
कि अपने होने का मतलब
सरकार पर छोड़ दिया जाये

दूर-दूर सबसे ऐसा कि
आदमी होना बिसर जाये

इन दिनों
बच्चे की गुदगुदी हथेली छूने की कोशिश
ख़तरनाक जुर्म की क़िस्म में आती है

मेरी भी ममतामयी बाँहें
टूट गयी हैं।

दो

मरने से डरता हूँ
(तुम मरो या मैं)
चलता हूँ इसलिए
दूर-दूर

कभी ये हाल था
ख़ाली जगहों को जाकर भर देता था
अभी ये हाल है
भरी जगहों को ख़ाली करने में लगा रहता हूँ

मरने से डरता हूँ
मरे-सा जीने की क़ीमत पर
थोड़ा थोड़ा बचा हुआ हूँ

कल की बात कल जाने
फ़िलहाल आदमी नहीं
आदमी की छाया हूँ।

तीन

मज़दूर फँसे हैं
दिल्ली मुम्बई में
हरियाणा पंजाब में
जगह-जगह देश में
फँसे हैं मज़दूर

भाग कर आये थे
भाग कर जाना चाहते हैं गाँव-घर
चाहते हैं सुन ले उनकी बात कोई
काम से जितना नहीं थके कभी
सरकार की ओर आँखें उठाये
थके हैं

हम आप अच्छे नागरिक बन रहे हैं
दीया जला रहे हैं...

मज़दूर फँसे हैं
ऐसे तो वो मर जायेंगे
वो मर जायेंगे तो क्या सोचते हैं आप
हम बचे रहेंगे!

चार

काम पर नहीं जाना
काम से बड़ा काम था

दरवाज़ों पर
कभी नहीं गया था
इतना ध्यान...

किसी को गुज़रता देख
दरवाज़े ठिठक गये
बन्द हो जायें
कि खुले रहें

मैं अगर दहलीज़ से बाहर पाँव रखता था
तो सच मानिए अपने ही घर के सामने
लगता था एक अजनबी

मौत के मुँह में जाने से डरा
जैसे मौत के मुँह में था

दीवार से सटकर
चींटियों की क़तार चल रही थी
देखना यह लग रहा था अच्छा
जैसे पहली बार देखी हो क़तार
चींटियों की।

पाँच

इतनी बड़ी दुनिया
और कहीं नहीं जा पा रहा हूँ

हो सकता था होता आज दिल्ली में
ये भी हो सकता था पाण्डेय जी से मुनिरका मिलने जाता

और किसी दूसरी गली में घुस जाता
होता रहता हैरान-परेशान

दिल्ली पास है
कभी भी चला जाऊँगा
हो सकता था कि मॉस्को में होता
और चौड़ी सड़क पर किसी मूर्ति की ओर
बढ़ रहा होता

मॉस्को दूर है
प्रोग्राम बनाने की ज़रूरत है...

इतनी कड़ी धूप में, काश
इस समय लौट रहा होता
अपने ही घर।

मछलीघर

मछलीघर था
छोटे तालाब के सामने

काँच की दीवार में क़ैद रंगीन मछलियाँ
होंठों से छूतीं ठण्डे काँच को तृष्णा से
अपना दाना लेने आतीं ऊपर तक
गहराई में जाकर झुण्ड बनातीं
फिर बिखर जातीं

मछलीघर की बग़ल में
विधानसभा थी
पास ही था राजभवन

पता नहीं क्या सोच कर
यहाँ बनाया गया होगा
मछली के आकार का
मछलीघर

विधानसभा यहाँ से हटी
तो मछलीघर को भी तोड़ दिया गया

बना दी गयी यहाँ ख़ूब चौड़ी सड़क
सब भूल भाल गये लोग

यह तो मेरी आदत है बनी हुई
गुज़रते हुए यहाँ से
पाता हूँ अपने को तृषित
काँच की दीवार में क़ैद।

इधर

शहर किनारे
दूर तक बसा हुआ है
पानी

जहाँ कुछ दिनों के लिए
आ रहे हैं परदेस से
पक्षी

घने पेड़ और पगडंडियाँ हैं
खुलती है आगे खिड़की
आकाश की

आया हूँ देखने
हसरत के पंख कैसे फैलते हैं
इधर।

कुर्सी

इसे किसी कारीगर ने गढ़ा ज़रूर है
लेकिन बड़े से बड़े कारीगर के क़ाबू से यह बाहर है
कोई नहीं जादू जो इसकी तरह सिर पर चढ़ कर बोले
दुनिया को हिलाने की इसमें ताक़त है
करोड़ों करोड़ ज़िन्दगियाँ इसके इशारे पर चलती हैं
जम जाये किसी भी मंज़िल पर
नाप लेती है यह एक छलाँग में दूर-दूर की धरती को
इसे बहुत-सी किताबों की ज़रूरत पड़नी चाहिए थी
लेकिन उनको ताक पर रख देने की इसमें अद्‌भुत क़ाबिलियत है
झूठ की तरफ़दारी करने में यह उस्ताद है
तो भी इसे सच्चा कहने की मजबूरी है
यह धर्म नहीं है
लेकिन इसे सबसे बड़ा धर्म मानने में भी कोई हर्ज़ नहीं
चारों ओर से इसकी हिफ़ाज़त में हाथी घोड़ा ऊँट प्यादे
इसे घेरे रहते हैं
मगर सबसे चतुर खिलाड़ी यही मानी जाती है

इसके हिलने से प्रलय मच जाना चाहिए था
लेकिन वास्तव में ऐसा होता नहीं है
इसी चिन्ता से
यह अपनी जगह पर थोड़ा
धँस जाती है।

बिस्तर

साफ़ सुथरी कमीज़ पहन कर
निकलते हुए घर से
एक नज़र डालता हूँ
बिस्तर पर

रात की बची रह गयी नींद
सिरहाने से चिपकी हुई थी
धीरे-धीरे बज रही थी
उसकी साँस

तकिया
धौंकनी की तरह
फूल और पचक रहा था

उठ रहा था
काठ के पलंग से संगीत :
पूरी पृथ्वी पर
यही सबसे सुन्दर और
भरोसे की जगह है

हिलाते हुए हाथ
मैंने जैसे मूक वादा किया
लौटूँगा शाम को
सीने में तुम्हारे
जल्दी।

अब गंगा

गुस्लख़ाने में
देह पर पानी डालते हुए
याद किया
पटना गंगा में नहाने के बारे में

अनुभव किया
गंगा की महीन रेत को चिपके हुए
पैरों और पीठ पर
रंग जिसका मेरी चमड़ी से
मेल खाता था

ठीक से नहीं रगड़ो तो
रेत साथ-साथ चली आती थी
जीवन में उसी की परत धीरे-धीरे
इतनी मोटी होती गयी है
कि उसके नीचे बहती है
अब गंगा।

अनुभूति

कुछ तिनके घास के
मन से दिये
जोड़

मैं हरा था
मैं पूरा था

समय आया
मैं कट गया
घास की तरह

घोंसला बनने में
चिड़ियों के काम आया

उगते हुए पंखों को जाना
अण्डों से सटकर।

तुम तक

घर मेरा है यह जानने के लिए
दूसरों के घर जाना पड़ता है
शहर मेरा है यह जानने के लिए
घूमना पड़ता है दूसरा शहर
शरीर मेरा है जानने के लिए यह
जाना पड़ता है तुम तक।

असमंजस

ए.सी. कोच के दरवाज़े के पास
बेड रोल रखने के दड़बे में
दुबक कर सो रहा था परिचारक
झाँप कर सफ़ेद तौलिये से
सर

परिचारक वह बाद में होगा
अभी तो एक शरीर था
ठण्ड से भागकर
नींद के टापू में
अपनी नागरिकता क़ायम किये हुए

चादर कम्बल और तकिया माँगने के लिए
उसे जगाने का मतलब
दिखाना था
टिकट की ताक़त।

कितना

कितना कुछ पाया
ख़रच दिये कितने-कितने
भय दुख कितने झेले

अँधेरे में तय कीं दूरियाँ कितनी
थे चकमक चौंधियाने को
प्रकाश कितने तीखे

तेज़ हवा थी कितनी, हाँफती
चट्टानों से टकरा कर
था कितना धूल-धक्कड़

कितनी भुखमरी लाचारी
पॉलिटिक्स का कितना-कितना
कारोबार

हथियारों के कितने सौदे
बाक़ी कितना सुनने को
हाहाकार!

एक दिन

एक दिन
आग में अपना घर बनाऊँगा
हड्डियों के फूल बनूँगा

एक दिन
पानी में सिरा जाऊँगा
मछलियों का बनूँगा दाना

एक दिन
किसी चिड़िया की आवाज़ में सुनाई पड़ूँगा
हो सकता है तुम्हें मुझसे डर लगे

फ़िलहाल–
चलो साथ बैठकर चाय पीते हैं।

जैसे

मुझे लिखना था
जैसे प्रेम

प्रेम पर लिखते हुए
हज़ार-हज़ार भरम टूटे
और मैं हँस पड़ा

मुझे लिखना था
जैसे हँसी

हँसी पर लिखते हुए
मैंने हा-हा-हा किया
और मुझे मार दिया गया

मुझे लिखना था
जैसे क्रोध

क्रोध पर लिखते हुए
मैंने अपनी आँखें लाल कर लीं
लेकिन आँसू के स्वाद से ज़्यादा मुझे कुछ नहीं मिला

मुझे लिखना था
जैसे शोक

शोक पर लिखते हुए
जिस क़दर देखा चीज़ों को करुणा की नज़र से
चीज़ें भयभीत हो गयीं

मुझे लिखना था
जैसे भय

भय पर लिखते हुए
हर चीज़ परछाईं सी लगी
और मैं ख़ुद को टटोलने लगा

मुझे लिखना था
जैसे वीरता

वीरता पर लिखते हुए
मैं जिस क़दर आवेग से भर गया
वह घृणा का विषय हो सकता था

मुझे लिखना था
जैसे घृणा

घृणा पर लिखते हुए
मैंने आज तक जो कुछ किया है
उसे याद करके आश्चर्य हुआ

मुझे लिखना था
जैसे आश्चर्य

आश्चर्य पर लिखते हुए
मुझमें अविश्वसनीय गन्ध भर गयी
और मैंने शान्ति की शरण ली

मुझे लिखना था
जैसे-जैसे-जैसे
शान्ति-शान्ति-शान्ति।

शत्रु

शत्रु की जगह
किसी और शब्द का उसके लिए उच्चारण
आज के हिसाब से ज़रूरी है

इतिहास में हुए जो बड़े-बड़े शत्रु
उनका नाम लेने में थोड़ी सावधानी की ज़रूरत है
चाहें तो नाम से पहले देवपुरुष जोड़ दें
और वर्तमान के शत्रुओं के नाम के बाद
'जी' ज़रूर लगायें
भविष्य में जो होंगे शत्रु
उन्हें कैसे सम्बोधित करना है
इस पर अभी से शुरू कर दें विचार

वर्तमान के शत्रुओं से
डरने की अभी ज़्यादा ज़रूरत नहीं है
किसी सड़क या सेतु को नाम देने में
वे बहुत व्यस्त हैं
उनकी यह चाहत भी ज़्यादा नहीं अखरनी चाहिए
कि कुछ चीज़ें भविष्य में उनसे जानी जायेंगी
क्योंकि हमने उलटा समझने की आदत डाल ली है

भविष्य में आयेंगे जो शत्रु
हम जब बहुत बूढ़े हो जायेंगे
उस समय हम उन्हें बड़ी बाधा दिखाई पड़ने लगेंगे
अतीत को मनचाही शक्ल देने के मामले में

अपने देश में
शवों को जलाने का नाहक रिवाज़ नहीं है।

आत्मकथा

अपने को
कठोर गद्य के हवाले कर दूँगा
सुइयाँ चुभाऊँगा अतीत में
बताऊँगा पुरखे कहाँ-कहाँ थे
और मैं यहाँ कैसे आया
सुरंग बनाऊँगा अपने भीतर
कुचले हुए स्वप्न को
सामने खींच कर लाऊँगा
मित्रता और शत्रुता की
गाथा रचूँगा
कुछ स्त्रियों की छवि ऊँची करूँगा
और कुछ के लिए ओछी बातें करूँगा
कैसी-कैसी कमज़ोरियों से गुज़रा हूँ
कितने अवसरों पर कितना निहत्था हुआ हूँ
कब-कब मतलबी होना पड़ा
सब लिखूँगा

भ्रम में मत रहना
तुम्हारे बारे में भी कुछ लिख दूँगा
हत्या और आत्महत्या से गुज़रना जो है मुझे।

भाषा

पीठ पर
कोमल पंख उग आये हैं
सज गयी हैं उन पर
धारियाँ सुन्दर

अब बारी है
उड़ने की

उड़ो
और दिखो
ज्वार के विप्लवी फेन की तरह

अब बारी है
गिरने की

गिरो
पूरे वेग से गिरो
मेरे पागल मस्तिष्क में

अब बारी है
थमने की

थम कर
बँध जाओ
पर्वत श्रृंखला सा

वरना तै है तुम्हारा
मरना।

काग़ज़

क़लम और उसे पकड़ने वाले हाथ के इन्तज़ार में
मेज़ पर फड़फड़ा रहा है

उसमें चमक है
नीले और काले रंग से
जो बढ़ जाती है

कमाल के
उस पर अक्षर उग आते हैं

स्याही न जाये बेकार
रहता है उसमें
इस बात का बेहद भय

फाड़ कर फेंकने से
उसे बचाना है

सावधानी बरतनी है
कैसी हो इबारत
कि वह बन्द न हो जाये
किसी फ़ालतू फ़ाइल में

करना है ऐसा श्रृंगार
कि उसे छूने का दिल करे
और जब जी न लगे
प्रेमिका की तरह ले जायें
बिस्तर पर।

दीवार

वह मुझे घूरती है

वाकई
वह मुझे घूरती है

बहुत दिनों से
मैंने उससे पीठ नहीं टिकाई
कोई ऐसा मौक़ा नहीं लगा
मैं अपना सिर उससे पीट लेता

आख़िर वह दीवार है
अपने में एक ताक़त

अपने हाल पर छोड़ना उसे
ठीक नहीं

जल्दी से जल्दी
कोई तस्वीर मढ़ाऊँगा
नहीं तो एक बड़ी सी घड़ी ही टाँग दूँगा
ताकि जब-जब मौक़ा मिले
मैं उसे घूर सकूँ।

दिल्ली की उलटी दिशा में

यह मैं
कविता लिखता हुआ
अकेला–
तुम्हारी लड़ाई का
पुराना साथी...

यह मैं
संशय में ताकता
छत और दीवारें
तुम्हारी कारा-मुक्ति की
तरकीबें ढूँढ़ने वाला...

यह मैं
चलते हुए दिशाहीन
तुम्हारी मुक्ति-चेतना की
हिलती परछाईं...

यह मैं
गिर गया कहीं अचानक
तो मुझे उठाकर
दिल्ली की उलटी दिशा में
खड़ा कर देना।

बाक़ी आप जानें

शहर के बीचोबीच जो दरबार है
और सरकार है
सरक सकती है कभी भी
वहाँ की धरती

राजा गिर सकता है
औंधे मुँह

रुक सकती हैं कारकुनों की
क़लमें

धूल छा जा सकती है
धुआँ भर सकता है सबकी देहों में

ग़ुबार थमने पर
दिखाई पड़ सकता है
सिर्फ़ एक ठूँठ

वहाँ के क़िस्सा पुराणों से
जो बाहर हैं
उनका यही सोचना है

बाक़ी आप जानें।

लोकतन्त्र

उसका संघर्ष पानी और ज़मीन के लिए था
उसके दो हाथ थे
धातु और लकड़ी पर जिसकी गहरी पकड़ थी
दो मज़बूत पाँव थे उसके
पूरी दुनिया नापने की जिसमें ताक़त थी

वह सब कुछ को धूल में मिटाने की ताक़त रखता था
एक दिन वह राजा बनने वाला था–
सब चीज़ों का मालिक

दिव्यता उसमें इतनी थी
राम की जगह उसे सिंहासन पर बैठा कर
धरती पर स्वर्ग लाया जा सकता था

लेकिन अभी
उसे मुफ़्त का चावल थमाकर
फ़ुर्सत पाने की साज़िश
सफल थी।

ईमानदार मतदाता : एक चुटकुला

क़तार लम्बी थी
सरकते-सरकते एक मतदाता
बैलेट यूनिट तक पहुँचने में सफल हो गया
कुछ देर तक यूनिट की रीडिंग की
फिर खुजलाने लगा सिर
झल्ला गया मतदान अधिकारी
पूछा बात क्या है
क्यों हो रही है देर

बोला मतदाता खिसियाया-सा :
कर रहा हूँ सर कोशिश
याद करने की
किस पार्टी ने ससुरी
कल पिलाई थी।

निर्दलीय प्रत्याशी

परिचित पुराना
कभी था मेरे मित्र का ड्राइवर
चुनाव में इस बार हो गया है निर्दलीय प्रत्याशी
आज मिल गया अचानक कुर्ता पैजामा झाड़े
पूछा मैंने परचार-वरचार कैसा चल रहा है भाई
पहले तो उसने बात घुमाने की कोशिश की
लेकिन हँस-हँसा कर मैंने उसे विश्वास में ले लिया
तो कहने लगा भय्या जी ने कहा था खड़े हो जाओ
पच्चीस-पच्चास तुम्हारी पक्की
भेज दूँगा तुम्हारे हस्ताक्षर से आयोग को खरचे का हिसाब
फुसफुसा कर कहा कान में मेरे जैसे और हैं चार
निकल जायेगी आराम से भय्या जी की करोड़ों की ब्लैक मनी
जीत भी है उनकी पक्की

मैं पूछता हूँ तुम अपना वोट किसे दोगे
जवाब था
भय्याजी को।

चुनाव ड्यूटी

जालिम है सरकार
दवाइयों पर ज़िन्दा आदमी
चलता जो है दीवार थाम कर
पकड़ा दी उसे चुनाव ड्यूटी

डिप्टी के आगे
गिड़गिड़ाया :
मर जाऊँगा साहेब

डिप्टी डपटा :
काम यह ख़ास है
नहीं बच सकते
और डर काहे का
मरने वालों के लिए
पाँच लाख का बीमा है
विभाग से मिलेगा
सो अलग

जाओ
हो जाओ ख़ुश।

तैयारी

उस पेड़ को देखा
जिसे सींच कर खड़ा किया गया था
और आरी से काटने की तैयारी चल रही थी

देखा उस आदमी को
जिससे सब ऋण माफ़ करने का वादा करके
मतदान के लिए तैयार किया जा रहा था

पेड़ ने आदमी को देखा
और आदमी ने पेड़ को

दोनों महसूस कर रहे थे एक दूसरे में
अपने को सूखते हुए।

नौकरी

झक सफ़ेद कमीज़ पहन कर
पहुँचना

आदेश की ज़ंजीरों में क़ैद
काम करना

भीतर उबलना
बाहर मुस्कुराना

दो अक्टूबर की छुट्‌टी के इन्तज़ार में
मैं कितना ख़ुश।

घास

पानी सबसे पहले हमारी जड़ों तक
पहुँचता है
हवा छू कर हमें, बहती है
साँय-साँय
मिट्टी को हमने बनाया है सख़्त से
मुलायम
हमारी लघुता से ऊँचा है आकाश का
सिर
सुन्दर शय्या है धरती
हमसे

लेट कर देखो हम पर क्षण भर
आदमी आदमी का कैसे
सच्चा भाई नज़र आता है!

चूक!

जूते बदले
शहर और घर बदले
रास्ता बदलना भूल गया

होता रहा बाज़ार गरम
मैं और दरिद्र।

कविता पर बहस

होती ही रहती है शिक्षा और संस्कृति की दुनिया में
–बहस थी कविता पर
ज़ाहिर है पहले भाव और विचार पर बात होनी थी
सो हुई
सरल भाव से भाव की एकाध चीज़ टाल दी गयी
मसलन उस भाव को जो शासक को सचमुच में
संकट में डालता है
बिना उसके विचार पर विचार का फैलारा हो गया
लेकिन वहाँ भी जल्दी विकल्प का सवाल खड़ा होने लगा
तो भाषा पर कूद पड़े
और भाषा को कैसे हँस-हँस कर चबाया जा सकता है
सबको पता था
कोई किसी से नहीं था असहमत
जैसे मुर्दे नहीं होते।

पीठ पीछे

पीठ पीछे के मुक़ाबले
आमने सामने की लड़ाइयाँ बहुत कम थीं
किसी भी महासमर में उतनी घृणा और खलता नहीं थी
जितनी पीठ पीछे के एक इशारे में हो सकती थी
इसकी भाषा की शक्ति से
महाकवि भी मुक़ाबला नहीं कर सकते थे

मज़े की बात है
पीठ पीछे जिसका क़त्ल किया गया
वह न मरा न पराजित हुआ
लेकिन उसके शत्रु को विजय के विलास में डूब जाने का
अपार सुख हासिल हो गया

यह अन्तहीन था
भरपूर थे इसमें छन्द अलंकार
इसलिए क्यों नहीं इसे
शाश्वत साहित्य का दर्जा दिया जाये!

भारतमाता की जै

हत्या की ख़बर पढ़ने से
मेरी चाय का स्वाद
नहीं बदल जाता

चाय और ख़ून के स्वाद में
फ़र्क़ करना मुझे नहीं आता
गिरे हुए पुल के नीचे दबी कराह को
अनसुना करने की
मैंने बेजोड़ ताक़त अर्जित की है

आप भी यह ताक़त अर्जित कर सकते हैं
मेरी हँसी में होना पड़ेगा शरीक
रोऊँ तो
दस बार रोना पड़ेगा

चलिए–
चाय पीकर जाइएगा
मुझे जाना जल्दी है
एक ताक़तवर आदमी से मिलने
वह अभी-अभी लौटा है

ज़्यादा ताक़तवर आदमी से मिलकर

जै हिन्द!
भारतमाता की जै!!

अपने गाँव लौट जाऊँगा

कविता लिखने से पहले
उसे पढ़ना चाहूँगा
चाँद की रोशनी में पेड़ों की
सुरमई पत्तियों पर

सूनी सड़क पर बैठी गायों की
निगरानी करता है चाँद
झरती है ओस
ख़ामोश

गुज़रूँगा
ऐसे दृश्यों से...

पृथ्वी में आकाश की चीज़ें ढूँढ़ते हुए
तारों की भाषा लिखूँगा

बारिश में
पानी की आवाज़ सुनूँगा

बूँद-बूँद
शब्द इकट्ठा करूँगा

दुबारा
तिबारा...
हवा के थपेड़ों को सहते
लिखूँगा

लिखते हुए
पता नहीं कब
अपने गाँव लौट जाऊँगा

नमस्ते।

घर

मेरा एक घर था...

घर
मेरे भीतर रहता था
उसकी दीवारें
बेहद कोमल स्त्री की
साँसों से मढ़ी हुई थीं
फ़र्श
मेरे दिल की तरह
बिछा रहता था
छत पर उसके
सूरज और चाँद की रोशनी
चाकरी करती थी...

सौ साल तक
उसमें तने रहने का हौसला था
जिसके समर्थन में
सामने नीम का पेड़ खड़ा था
पोर्च में रखे गमले
पानी पी-पी कर ख़ुशी मनाया करते थे...

मेरे घर को दुनिया देख सकती थी
लेकिन मैं अपनी समझ से
उसे छुपा कर रखता था

मेरा एक घर था

जिसमें मैं यहाँ-वहाँ से लौटकर
मरने की सोचता था।

चलता हूँ

मैं सपनों का पीछा नहीं करता
वे आ जाते हैं छन्द में
पुरानी पुकार की तरह

यथार्थ का पीछा भी
मैं नहीं करता
अक्सर उन्हें उछाल देता हूँ
कि लौटो तुम भविष्य की
धार की तरह

चलता हूँ मैं अपनी लय में
नये-नये प्यार में उमगते
भाव की तरह।

आत्मानुभव

मेरा देखा
मेरा अपना नहीं है
मेरा उसमें सिर्फ़ रोज़ रोज़ का देखना है
जैसे पक्षी सूरज को ढलते देखते हैं
ठाँव अपने लौट आने के काम के रूप में

मेरा सुना
और भी मेरा नहीं है
मेरा सिर्फ़ शब्द से उठने वाली आवाज़ के क़रीब होना है
जैसे पेड़ के पत्ते होते हैं
हवा की थपकियों के क़रीब

मेरा लिखा
मेरा बिल्कुल नहीं है
सिर्फ़ क़लम और काग़ज़
मेरे हैं
जो चिपकते हैं
होंठ मदिरा के गिलास से जैसे चिपकते हैं
और मैं मज़ा लेता हूँ अनलिखे को
पढ़ने का।

सतपुड़ा

सतपुड़ा के
पहाड़, धरती के
मालिक जैसे

जंगल घना
है तना, पहाड़ की
दीवार पर

देवदूत-से
दूर शिखर पर
बादल दल

चढ़ो चढ़ाई
ढल जाओ जीवट
वन छन्द में

नदी है तन
पहाड़ भारी स्तन
खिला हाँ मन

सूरज डूबा
पहाड़ में, जैसे
मेरा कपाल।

अनिद्रा

नींद
उड़ गयी अचानक

कहाँ उड़ी
कहाँ जाकर बैठी

मैं गठरी बनकर
उस तक पहुँचना चाह रहा था

पता नहीं कौन
मुझे कन्धे पर लादे
एक पुरानी पुलिया पर से
उस पार पहुँचाने की कोशिश कर रहा था

उस पार
फैली हुई थी नींद
एक मायावी भू-दृश्य की तरह

मेरी बग़ल से
खर्राटे की आवाज़ आ रही थी
धीरे-धीरे

क्यों सो जाते हैं लोग
दूसरों को अपने हाल पर छोड़कर

चलकर कबीर से
पूछते हैं।

घट रहा है

घट रहा है
जीभ पर से नमक का
पुराना स्वाद
घट रही है नींद में से
असली नींद

घट गया है
सपनों के भीतर का
सपना

अँधेरी गुफा में
आँखें खुली रहती हैं
दिमाग़ घुसा रहता है
दिमाग़ में

कवि को
कहाँ और कितना सुना जाता है
समय और समाज में!

अकेला कहाँ हूँ

मेरे घर के सामने कदम्ब का एक पेड़
खड़ा है ख़ामोश

उसके आलस को दूर करने के लिए
गौरैये बैठी हैं डाल पर
एक ठिगना आवारा बैल
तने से अपनी पीठ खुजला रहा है

धूप में डूबा हुआ पेड़
देख रहा है आकाश में
लुढ़क रहे सूरज को

छू कर हवा सरसर
पेड़ को, मुझ तक पहुँचती है
जिसमें गौरैयों के फुर्र का
उल्लास है

अकेला कहाँ हूँ!

उपयोगिता

जो रहते थे
जंगल में
वहाँ के सब कुछ को
काम में लाते थे
और बचाये रखते थे

जो नहीं रहते थे
जंगल में
वहाँ के सब कुछ को
काम में लाते थे
और मिटा देते थे।

गाँव से लौटकर

लौट आया हूँ
जैसे सरहद पर लौट आते हैं
जवान

हालाँकि नहीं जानता
कहाँ का हूँ असल में
और क्या है मेरी सोच की
सरहद

यहाँ लेखक और बुद्धिजीवी हैं
मेरे भाई
जो मुझसे भिड़े रहते हैं
वहाँ भाई हैं
जो मानते हैं
टूट गया है उनसे
मेरा रिश्ता-नाता

दोनों जगहों की
कुछ शर्तें हैं
जिन्हें पूरी करने की कोशिश में
मैं अकेला पड़ जाता हूँ

वहाँ जब जाता हूँ
लगता है
आधा आया हूँ
यहाँ जब आता हूँ
लगता है
आधा अपने को
छोड़ आया हूँ

किसी एक जगह के बारे में सोचता हूँ
तो दूसरी जगह धिक्कारने लगती है

तीसरी जगह की
मुझे तलाश है

आप मदद करेंगे?

सबसे डरता हूँ

बच्चे से डरता हूँ
खिलौने छोड़कर कब वह
पत्थर उठा ले

स्त्री से डरता हूँ
कायर कि दुस्साहसी
न समझे मुझे

बूढ़े से डरता हूँ
डरने की ताक़त तो उसमें बची नहीं
मगर डरने का अभिनय कर रहा है

शासक से डरता हूँ
कि डर के ख़िलाफ़ कुछ कह दूँ
और वह मुझे डरा दे

डरता हूँ अपने आप से
सोच कर कि किस-किस बात से
सबसे डरता हूँ।

ख़तरनाक पागल

ये बात उनकी है
सभ्यता के जो घिनौने आविष्कार हैं
कि जो सौ भेड़ियों की मौत के बाद
जनमते हैं

मुश्किल है कि
मुश्किल से आते हैं अब पहचान में
मशाल जलाना जो सीख गये हैं*
पहचान कर भी कई बार चुप रह जाते हैं लोग सोचकर
सभ्यता ही हत्यारी है

चमकदार चीज़ों को झपटने की इन्हें आदत है
रोशनी को अँधेरे में तब्दील कर देने में हैं
कामयाब

दिमाग़ से ये प्राय: निर्बल होते हैं
लेकिन दुस्साहस इनका बड़े-बड़े दिमाग़ों पर पड़ता है भारी
इनके दिल में

---

* सर्वेश्वर दयाल सक्सेना की पंक्ति : 'भेड़िया मशाल नहीं जला सकता।'

चींथ देने वाले दाँत लगे हैं
सावधान राहगीरो!
कभी घोंप दे सकते हैं बीच बाज़ार
पेट में चाक़ू
सावधान रहो स्त्रियो!
जला डालेंगे तुम्हें
तन्दूर में

पत्थर फेंकने से
भागने वाले भेड़िये नहीं ये
बना लिया है इसी समाज को कैसे भी तो
झाड़ी

बोलो
कहाँ ढूँढ़ोगे

काम आ सकती है बस
कविता।

पागल होने की प्रक्रिया

रोने को हुआ उसका मन
पर हँसने लगा अचानक
सोचकर यह तय था
बारी आयी जब रोने की
सब मान चुके थे तब तक
पागल।

यथार्थवादी

अपने हैं
देश के हैं
शहर और
पड़ोस के हैं

मिलते हैं
बैठते हैं

ख़ुश हैं
नाराज़ हो सकते हैं सरकार से
असहाय हैं
'नोटा' से अधिक कर कुछ नहीं सकते

दया है मुझ पर
कहते हैं भ्रम में रहते हो
दूर जिसे करना है

सुनता हूँ
सहता हूँ
मुझे भी चाहिए होता है विषय थोड़ा-बहुत
यथार्थवादी।

क़लम

मैं चलती हूँ
तो खड़े हो जाते हैं पहाड़
शब्द के

आड़ी तिरछी खींची लकीरों में
छुपी होती हैं दुनिया भर की नदियाँ
मेरी रोशनाई है समुद्र का पर्यायवाची

सर के बल पर
खड़ा किया है मैंने दुनिया को
हाथ थे जिनके पास
उनको किया खड़ा अपने पैरों पर

कोई नहीं
जिसके हाथ में मैं आऊँ
बैठा हो वह चैन से

पकड़कर कोई मुझे हो जाता है भावुक
घमण्डी हो जाता है कोई
भिड़ता है कोई गुना भाग लगाने में
करार दिया जाता है कोई एकदम से पागल

नींदें उड़ाने की मुझमें ताक़त है
मुझसे अमरता का इतिहास रचा जा सकता है
लेकिन कोई मुझे बेच दे
हो जाती हूँ मैं भोथर
बेकार।

कदम्ब का पेड़ था

कदम्ब का पेड़ था मेरे घर के आगे
बारिश के इन दिनों में पानी जिससे टपटप
टपकता रहता था हमेशा
आते थे फिर कदम्ब के पेड़ पर गोल हरे फल
हो जाते थे जो देखते-देखते नारंगी
आकर देखते तुम कैसे फैल जाते थे रेशे धरती पर
भाई उन्हीं दिनों मेरे घर के रोशनदानों के छिद्रों को
गौरैये भरा करती थीं
जैसे कवि भरता है सन्नाटों में
शब्द

क्या बताने की ज़रूरत है
कदम्ब का पेड़ था
तो बारिश की टपटप ध्वनि में
आत्मीय साँसों का अनुभव था
और जब फैलते थे फलों के नारंगी रंग के रेशे
तो मौक़ा होता था सृष्टि के काम को जानने का
जिसकी सबसे अधिक समझ नादान गौरैयों में होती थी
या फिर गैरैयों के काम की नक़ल पर लिखी कविता में जाकर
जिसे समझा जा सकता था

जब कदम्ब का पेड़ नहीं है
याद है तुम्हें मेरा घर
याद है इस साल हुई है कितनी बारिश
क्या तुम अब भी सोचते हो गौरैयों की नासमझी के बारे में
जो कवियों जैसी होती है

मेरी कविता कदम्ब के पेड़ के ऊपर लिखी हुई है
इसलिए कुछ-कुछ कविता है
कदम्ब का पेड़ अब नहीं है मेरे घर के आगे
इसलिए माफ़ करना ज़रा कमज़ोर है।

पुनर्जन्म

लौट के आता
महकते अन्न क़लम की निब मोटे अक्षर
और सुन्दर शब्द की तरह

आता
मर जाता, फिर
लौट के आता

मतलब
मतलब...
बार-बार ज़िन्दा होने का
मतलब खोज रहा हूँ।

कौआ

गाँव गया
सुबह सबेरे मुँडेर पर बैठा
कौआ दिख गया

कौआ भी कनखी से
मुझे देख रहा था

वह समझ गया
आने में उसे देर हुई है
मोबाइल फ़ोन से कब की पहुँच गयी थी
मेरे आने की ख़बर

काँव-काँव किये बिना
कौआ उड़ गया सूने आकाश में
सन्देशा पहुँचाने का उसका हक़ जो
छिन गया था।

स्मृति

पहाड़ के पार
सर्प की तरह लम्बी घुमावदार पगडण्डी
नीचे उतर कर एक छोटे से मैदान में समाई हुई
शब्द की तरह बिछी हुई घास
और छोटी पत्तियों वाले पेड़ की टहनियों पर कुहासा
दढ़ियल चेहरे की तरह
लटका।

देखना

देखने के साथ
यह तथ्य है कि बहुत-सी चीज़ें
उसके दायरे से बाहर खिसक जाती हैं
और तब देखने का मतलब
किसी ख़ास चीज़ को पकड़ लेना होता है
दिखाई नहीं पड़ता जो कभी-कभी
उसे भी आकार में ढलते देखा गया है
और एक चीज़ में दूसरी चीज़ के अस्तित्व की थाह लेना
देखना क्रिया की परम विशेषता है
हो सकता है कि मैं तुम्हारे एकान्त में
कविता के आकार में प्रकट हो जाऊँ

मुझे पढ़कर देखो।

यादें

सूरज नाम के तारे के नीचे
पृथ्वी ग्रह पर
एक महान देश का मैं नागरिक
इस बार के आम चुनाव में
वोट मेरा फ़ालतू गया

बात नयी हो या पुरानी
कैसे भूल सकता हूँ
मिट न जाये जब तक उससे मेरी रिश्तेदारी
कुछ यादें तो होती हैं साथी पूरे जनम की

कैसे भूल सकता हूँ
'77 की मेरी उस कमीज़ को
जिसका रंग हल्का गुलाबी था
पहनकर जिसे मैं एक नाटे क़द की लड़की से मिलने जाता था
अक्सर लौटकर वर्ग-संघर्ष की कविता लिखता था

याद करता हूँ
'80 की पागल बना देने वाली बातें
नुक्कड़ नाटक राजनीतिक पर्चे और

विद्रोही मिज़ाज के दोस्तों के साथ बहसें
सत्ता से जिसने मेरा रिश्ता तय किया है
घेर रखा है मेरे मन का बड़ा दायरा

आजकल जब कोहरे की लहरें हिलोरें मार रही हैं
कोशिश करता हूँ पुरानी से पुरानी बातों को याद करने की
याद करने से आती है लड़ने की ताक़त
इससे आदमी अकेला नहीं पड़ता
बढ़ता है याद करने से उजाला

मेरा वोट इस बार जो फ़ालतू गया है
मसोस कर तब तक उसे याद रखना है
पैदा नहीं हो जाती जब तक यादों की दुनिया में
मन की बात।

❑❑